BEI GRIN MACHT SICH IHR WISSEN BEZAHLT

- Wir veröffentlichen Ihre Hausarbeit,
  Bachelor- und Masterarbeit

- Ihr eigenes eBook und Buch -
  weltweit in allen wichtigen Shops

- Verdienen Sie an jedem Verkauf

Jetzt bei www.GRIN.com hochladen und kostenlos publizieren

Bibliografische Information der Deutschen Nationalbibliothek:

Die Deutsche Bibliothek verzeichnet diese Publikation in der Deutschen National-bibliografie; detaillierte bibliografische Daten sind im Internet über http://dnb.d-nb.de/ abrufbar.

Impressum:

Copyright © 2014 GRIN Verlag
Druck und Bindung: Books on Demand GmbH, Norderstedt Germany
ISBN: 9783668779129

Dieses Buch bei GRIN:

https://www.grin.com/document/437840

Armin Stühler

Kritische Diskussion der Chancen und Risiken von "Cloud-Computing" für die Tourismuswirtschaft

GRIN Verlag

GRIN - Your knowledge has value

Der GRIN Verlag publiziert seit 1998 wissenschaftliche Arbeiten von Studenten, Hochschullehrern und anderen Akademikern als eBook und gedrucktes Buch. Die Verlagswebsite www.grin.com ist die ideale Plattform zur Veröffentlichung von Hausarbeiten, Abschlussarbeiten, wissenschaftlichen Aufsätzen, Dissertationen und Fachbüchern.

Besuchen Sie uns im Internet:

http://www.grin.com/

http://www.facebook.com/grincom

http://www.twitter.com/grin_com

Studienarbeit

Kritische Diskussion der Chancen und Risiken von „Cloud-Computing" für die Tourismuswirtschaft

Vorlesung Informationstechnologie

Hochschule Deggendorf

Bachelor Tourismusmanagement

Semester 1

Armin Stühler

Abgabetermin: 20.01.2014

Inhaltsverzeichnis

1 Abkürzungsverzeichnis

App: Applikation

BDSG: Bundesdatenschutzgesetz

CSP: Cloud-Service-Provider

IaaS: Infrastructure as a Service

IT: Informationstechnologie

KMU: Kleine und mittlere Unternehmen

NIST: National Institute of Standards and Technology

PaaS: Platform as a Service

RZ: Rechenzentrum

SaaS: Software as a Service

SLA: Service-Level-Agreement

SLR: Service-Level-Requirement

SLT: Service-Level-Target

2 Einleitung

2.1 Allgemeine Einführung und IT-Vorläufer

Die technologische Entwicklung des Cloud Computing hat diesen Dienst innerhalb einer kurzen Zeitspanne zu einem wichtigen Bestandteil von unternehmerischen und privaten Aktivitäten etabliert. Es existieren vielfältige Softwareangebote, die sich auf Abnehmer unterschiedlicher Zielgruppen je nach Art des Dienstes konzentrieren können. Während es für private Abnehmer vielfach um das zentrale Ablegen ihrer Daten in der Cloud gehen dürfte (z.B. durch den Dienst „Dropbox"), so gestalten sich je nach Art des Unternehmens in der Geschäftswelt Angebot und Nachfrage nach diesen Diensten sehr unterschiedlich. Außerdem entscheidet über Art und Umfang der IT-Auslagerung eines Unternehmens in eine Cloud besonders die individuelle Zielsetzung. Diesen Zielsetzungen liegen langwierige und komplexe Entscheidungsprozesse zugrunde, die einem Unternehmen entsprechende Kompetenzen abverlangen.

Der Grundstein für die heutigen technologischen Möglichkeiten des Cloud Computing liegt in den ersten Überlegungen, IT-Probleme in Teile zu zerlegen und parallel zu berechnen. Daraus ergaben sich erste Zusammenschlüsse von Systemen, die nach Außen als Einheit auftraten, wobei die einzelnen Teilsysteme die Knoten bildeten. Aus diesem Grundschema entstanden im Laufe der technologischen Entwicklung das Cluster- und Grid-Computing sowie das allgemeine IT-Outsourcing. Nachdem zunächst Kunden nur exklusiv durch Bereitstellung dedizierter (eindeutig einzeln zugeordneter) Hardware über Apps Dienste von Providern (Anbietern) empfingen, wurde im finalen Schritt zur Cloud ein zentrales Netzwerk etabliert, auf welches Kunden gemeinsam über eine entsprechende App zugreifen konnten. [1] Das Cloud Computing befindet sich allerdings noch nicht auf seinem finalen Stand, es wird sich über die Jahre noch weiter entwickeln.

2.2 Ziel der Studienarbeit: Zentrale Fragestellung

Diese Arbeit befasst sich mit den Aspekten des Cloud Computing allgemein und für Unternehmen der Tourismusbranche. Hier wären als denkbare Betriebe besonders Hotellerie, Reisemittler und Personenverkehrsbetriebe zu nennen. In dieser Arbeit sollen Chancen und Risiken der Cloud-Dienste für diese Art von Unternehmen erörtert und dabei auf einen der bekanntesten Cloud-Anbieter für den Tourismus eingegangen werden, nämlich AMADEUS. Es ergeben sich für jedes einzelne Unternehmen unabhängig von Branche und Zielsetzung identische Chancen und Risiken, welche sowohl für Anbieter als auch Anwender dieser Lösungen erörtert werden, wobei auch das Thema Datenschutz behandelt wird. Die zentrale Fragestellung lautet also, wie Cloud-Services allgemein und für touristische Unternehmen zu beurteilen sind.

Es werden im Folgenden die Grundlagen des Cloud Computing erläutert, kurz die Methodik der Recherche für diese Arbeit erklärt und schließlich die Ergebnisse dargelegt, diskutiert und zusammengefasst.

3 Grundlagen des Cloud Computing

3.1 Definition „"Cloud-Service"

Dies ist die Definition nach dem NIST (National Institute of Standard and Technology) zum Begriff des Cloud-Service:

> *„Ein Cloud-Service ist die service-orientierte Bereitstellung von virtuellen IT-Ressourcen, d.h. virtualisierter Hard- oder Software, durch einen CSP (Cloud Service Provider) unter Gewährleistung der fünf Cloud-Computing-Charakteristika."* [2]

Diese Charakteristika sowie Kategorien von Hard- und Software, die über einen CSP bereitgestellt werden, sollen im Folgenden dargestellt werden.

3.2 Bestandteile eines Cloud-Dienstes

Im Wesentlichen existieren fünf Aspekte, die jedes Cloud-System gemeinsam hat und welche dieses als Cloud-System kennzeichnen. Diese Aspekte sind in nachfolgendem Schaubild zusammengefasst:

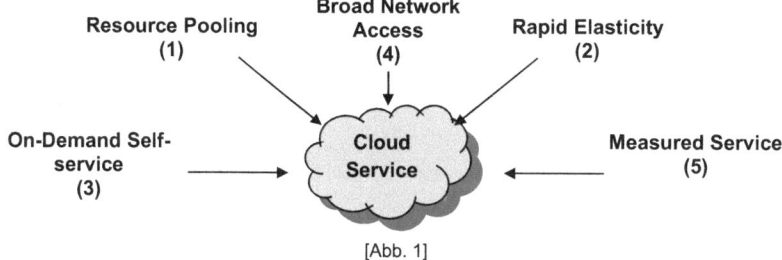

[Abb. 1]

Kurze Erläuterungen der fünf Charakteristika:

(1) Zusammenfassung physischer Ressourcen zu einem gemeinsamen Vorrat, der je nach Bedarf auf verschiedene Dienstnutzer aufgeteilt werden kann. Es können jedoch nur logische Ressourcen abgerufen werden, die von der verwendeten Cloud-Software nach Bedarf auf physische Ressourcen abgebildet werden. Die logischen Ressourcen stellen also einen notwendigen Zwischenschritt zwischen den physischen Ressourcen des Anbieters und denen des Cloud-Nutzers dar, um diese zu transportieren. Diese Ressourcen können Rechenleistung, Speicherkapazität, Netzwerkbandbreite, virtuelle Maschinen usw. sein.

(2) Unverzügliche Anpassbarkeit an den aktuellen Ressourcenbedarf: Clouds reagieren sehr dynamisch auf sich ändernde Datentransportlasten.

(3) Änderung der benötigten Datenmenge ist dem Kunden jederzeit auch ohne Einbeziehung von Mitarbeitern des Anbieters durch Eigeninitiative möglich, was eine Voraussetzung für Rapid Elasticity ist.

(4) Umfassender Netzwerkzugriff durch Fokussierung auf standardisierte Netzwerkzugriffe, wodurch eine breite Palette von Endgeräten unterstützt wird. Diese reichen von Mobiltelefonen über Laptops bis hin zu Tablets.

(5) Messung der Servicenutzung als individuelles System zur Kostenabrechnung bei der Nutzung von Cloud-Services bietet für Unternehmen und für Privatpersonen finanzielle Vorteile. Sehr verbreitet ist das Pay-per-Use-Modell, welches den Verbrauch des Cloud-Nutzers misst und die zu zahlenden Beträge nach den Messergebnissen generiert. Es existieren auch andere Modelle zur Kostenkalkulation, nämlich periodisch zu zahlende Beträge oder auch einmalige Gebühren. Viele Cloud-Services sind auch kostenfrei oder stellen eine kombinierte Form der vorgenannten Varianten dar. [3]

3.3 Arten von Cloud-Services

Es sind im Allgemeinen drei Arten von Cloud-Services zu unterscheiden, die sich in weitere Variationen aufspalten lassen, wobei in dieser Arbeit nur auf die drei grundsätzlichen Arten näher eingegangen wird. Es sind zwischen diesen Grundformen auch kombinierte Softwarepakete denkbar, die Anwendung finden, um die Flexibilität und den Angebotsradius des Cloud-Dienstes zu erhöhen. Es existiert darüber hinaus die Möglichkeit, dass ein CSP die Plattform zum Betreiben einer Software in der Cloud von einem anderen Cloud-Anbieter bezieht, wobei die entsprechende Software wiederum von einem dritten Anbieter genutzt wird usw. Dies bezeichnet man als „Cloud-Service-Supply-Chain", also eine Verkettung von Cloud-Anbietern, um dem Kunden am Ende einen umfangreicheren Dienst zur Verfügung stellen zu können, ohne diesen selbst komplett selbst entworfen zu haben und betreiben zu müssen. [4] Es folgen nun die drei Grundformen von Cloud-Services.

3.3.1 Infrastructure as a Service

IaaS ist im Cloud Computing die Bereitstellung von virtualisierter IT-Infrastruktur über öffentliche oder private Netzwerke, meistens über as Internet. Hier nutzt der Kunde Server, Datenspeicherplatz, Rechenleistung, Netzwerk und übrige Rechenzentrums-Infrastruktur als virtualisierten Service über das Internet. Abgerechnet wird dieser Service meist über ein Pay-per-Use-Kostenmodell. [5] Ein Beispiel für einen solchen Dienst ist Dropbox, eine weit verbreitete Anwendung zur Speicherung aller möglichen Daten in einer Cloud.

3.3.2 Platform as a Service

Beim PaaS handelt es sich um ein Cloud-Computing-Modell, bei dem neben Hardwareservices und Betriebssystemen als Basisinfrastruktur auch höherwertige Dienste angeboten werden. Dabei liefert PaaS die Anwendungsinfrastruktur in Form von technischen Frameworks, also Datenbanken und Middleware, oder die gesamte Entwicklungsplattform. Dadurch kann der Kunde benutzerdefinierte Anwendungen erstellen und auch ausführen. Die grundsätzlichen Infrastrukturanteile befinden sich dabei für Entwickler versteckt hinter Services und Schnittstellen. Als Beispiel wäre hier die Microsoft Windows-Azure-Plattform zu nennen. [6]

3.3.3 Software as a Service

SaaS bedeutet das Beziehen einer Applikation über ein IP-Netz. Es werden dabei Infrastrukturressourcen und Anwendungen zu einem Gesamtbündel kombiniert. Auch hier wird oft nach dem Pay-per-Use-Modell abgerechnet, der Softwarebedarf ist außerdem nach Bedarf erweiterbar. Es ist darüber hinaus eine individuelle Systemanpassung der Anwendungen möglich. Ein Beispiel ist die aktuelle Version von Microsoft Office, Office 365, die sich mit Office Web Apps (Word, Excel, Powerpoint) auch in der Cloud betreiben lässt. [7]

3.4 Organisationsformen von Clouds

Es werden grundsätzlich vier Varianten von Clouds unterschieden:

(1) Eine öffentliche Cloud (Public Cloud) ist die typischste Cloud-Form, bei der jeder alle angebotenen Services beziehen kann. Gegebenenfalls können hier Nutzungskosten anfallen. Der Verwalter und Betreiber dieser Cloud ist meist ein Anbieter, der sich auf die Bereitstellung von Cloud-Services spezialisiert hat.

(2) Eine nichtöffentliche Cloud (Private Cloud) wird ausschließlich für eine einzige Organisation betrieben. Die Verwaltung der Cloud übernimmt diese Organisation entweder selbst oder sie engagiert einen externen Dienstleister dafür. Der Zugang zu den Cloud-Diensten ist auf die Mitglieder der Organisation beschränkt, das Rechenzentrum kann sich aber sowohl auf dem Gelände der Organisation befinden als auch ausgelagert sein.

(3) Eine Art nichtöffentliche Cloud ist die Community-Cloud, da sich hier verschiedene Organisationen mit ähnlichen Anforderungen diese Cloud teilen. Diese Variante wird besonders von Unternehmen genutzt, die zwar eine Privatisierung durch eine nichtöffentliche Cloud benötigen, aber mangels Größe keine private Cloud betreiben wollen

(4) Eine hybride Cloud stellt eine Kombination vorgenannter Cloud-Varianten dar. Ein mögliches Szenario zur Entstehung einer solchen Cloud ist das Ausbrechen in eine zweite Cloud, sofern die Ressourcen der ersten nicht mehr ausreichen. [8]

Zusammenfassend sind alle Arten von Clouds in folgender Grafik dargestellt (nächste Seite):

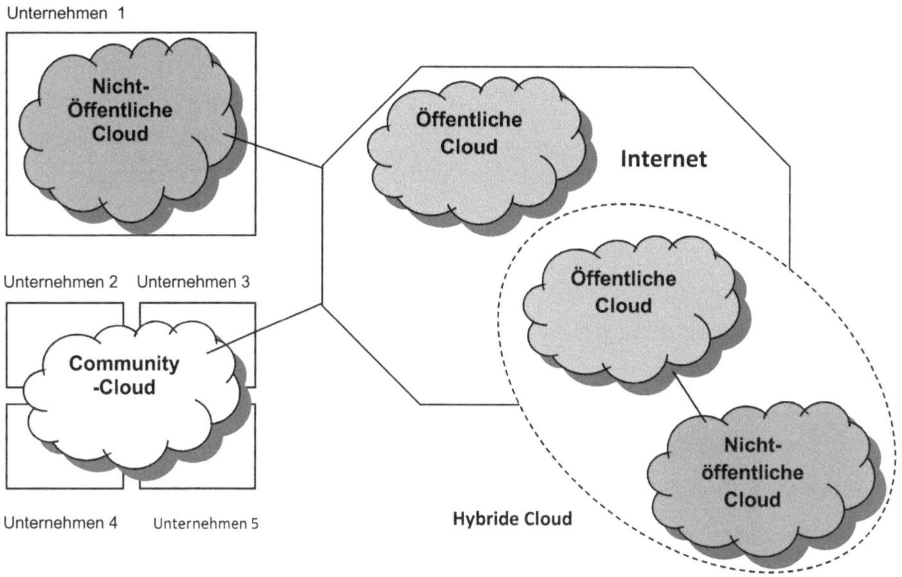

Unternehmen 1

Nicht-Öffentliche Cloud

Öffentliche Cloud

Internet

Unternehmen 2   Unternehmen 3

Community -Cloud

Öffentliche Cloud

Nicht-öffentliche Cloud

Unternehmen 4   Unternehmen 5

Hybride Cloud

[Abb. 2]

3.5 Elastizität und Skalierbarkeit

Die beiden wichtigsten Eigenschaften von Cloud-Systemen sind Elastizität und Skalierbarkeit.

Die Elastizität eines Cloud-Systems wurde bereits unter 3.2 erläutert als eine der fünf Charakteristika. An dieser Stelle ist auch noch die Illusion von scheinbar unendlich vielen Ressourcen zu nennen, die ein Benutzer erfährt, wenn er seine Nutzungsintensität manuell reguliert. [9]

Skalierbarkeit eines Systems beschreibt dessen Laufzeitverhalten bei Änderung verschiedener Input- oder Problemgrößen. Skalierung ist in den Dimensionen Größe, geografische Verteilung und Verwaltung messbar und bedeutet, dass ein System auf- oder abgerüstet werden kann gemäß der Hardware-Ausstattung eines Knotens (Rechners) in einem verteilten System. Mehr verbaute Ressourcen erreichen hier eine höhere Leistungsfähigkeit (Scale up). Ein solches System ist außerdem erweiterbar durch die Verwendung einer höheren Anzahl von Knoten (Scale out). [10] Durch diese beiden Verfahren kann die Leistungsfähigkeit eines verteilten Systems gesteigert werden, die Skalierung bedingt also sowohl Elastizität als auch die Angebots- und Verteilungsmöglichkeiten eines Cloud-Dienstes.

4 Methodik

Um die einzelnen Gesichtspunkte dieser Arbeit zu erörtern und die zentrale Fragestellung diskutieren zu können, wendet der Autor eine Literatur- und Internetrecherche an, um zunächst für die Fragestellung relevante Informationen auszuwählen und hier übersichtlich und einfach verständlich darzustellen. Es wurden zur allgemeinen Verdeutlichung der Grundlagen dieser Arbeit, nämlich den zentralen Aspekten von Cloud-Systemen, unter Gliederungspunkt „3" bereits wesentliche Informationen zur Thematik zusammengestellt, die auch mehr oder weniger direkt in den Gliederungspunkt „Diskussion" einfließen werden. In erster Linie sollen diese Aspekte dem Leser aber relevante Grundkenntnisse vermitteln, um sich im Geiste beim Lesen dieser Arbeit in die Diskussion der Chancen und Risiken von Cloud Computing für Unternehmen hineindenken und eine eigene Haltung für sich entwickeln zu können.

Im Ergebnisteil werden allgemeine Chancen und Risiken für Cloud Computing aus den gewonnenen Erkenntnissen von Literatur und Internet abgeleitet und entwickelt sowie zum Teil übernommen. Außerdem werden hier das Angebot und die Systematik des Cloud-Dienstleisters AMADEUS aufgeführt, um den Zusammenhang zum Tourismus herzustellen.

Daher wird der hauptsächlich relevante Teil dieser Arbeit die Diskussion sein, in welcher die zuvor dargelegten Chancen und Risiken vom Autor kritisch hinterfragt und daraus gegebenenfalls noch weitere Erkenntnisse abgeleitet werden. Es soll dies auf Grundlage der Ergebnisse aus Literatur- und Internetrecherche erfolgen. Um in dieser Diskussion auf den Anbieter AMADEUS Bezug nehmen zu können, bezieht der Autor eine Studie im Rahmen dieses Anbieters mit ein als auch die grundlegende Angebotsstruktur direkt aus der Internetpräsenz. In diesem Rahmen soll auch die zentrale Fragestellung dieser Arbeit nach Möglichkeit beantwortet werden.

Die meisten Erkenntnisse der allgemeinen rechtlichen, organisatorischen und technischen Grundlagen der Cloud-Services stammen aus dem Buch „Cloud Computing für Unternehmen" von den Autoren Gottfried Vossen, Till Haselmann und Thomas Hoeren. Dieses Buch beschäftigt sich mit Entscheidungsgrundlagen für Unternehmen sowie Sensibilisierung für Cloud Computing, um dieses System erfolgreich in einem Betrieb einführen und verwenden zu können. Da hier sowohl

Grundlagen als auch Aspekte zu Chancen und Risiken allgemein behandelt werden, wird in dieser Arbeit häufig aus diesem Buch zitiert.

5 Ergebnisse

Im Allgemeinen folgt die Systematik eines Cloud-Dienstes immer demselben Schema. Es wird vom Endbenutzer via Softwareberechtigung (App) ein gewisser Input in die Cloud gesendet, um dort gespeichert zu werden oder Software und Plattformen abzurufen. Bei einem IaaS beispielsweise kann jegliche Art von Text-, Bild- oder Videodateien auf ein persönliches Dropbox-Konto zur Speicherung hochgeladen werden. Diese können nach Bedarf von jeglichem Standort mit Internetzugang weltweit wieder abgerufen werden, sofern die entsprechende App installiert ist und der User über entsprechende Zugangsdaten verfügt. Dieser Sachverhalt wird durch folgendes Schaubild verdeutlicht:

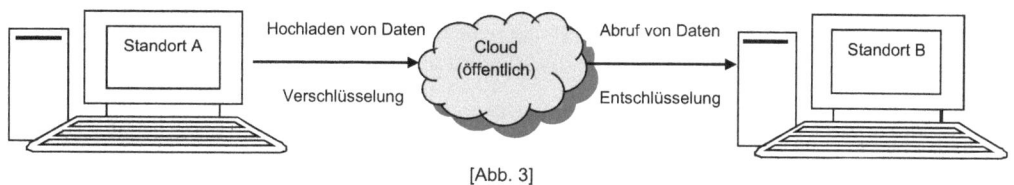

[Abb. 3]

Aus diesem grundlegenden Modell lassen sich bereits erste Chancen und Risiken des Cloud Computing ableiten, die im Folgenden unter den entsprechenden Unterpunkten aufgeführt werden.

5.1 Chancen und Risiken des Cloud Computing

5.1.1 Technische Aspekte

Wie aus dem obigen Modell hervorgeht, bedarf es bei einer Speicherung von mehr oder weniger persönlichen Daten in einer öffentlichen Cloud automatisch einer Verschlüsselung, um die Daten von anderen Nutzern abzugrenzen und sie transportfähig zu machen. Hier bedient man sich unterschiedlicher Methoden. Diese Protokolle (HTTP, XML, JSON) stellen allgemeingültige Methoden zur Verschlüsselung in die Cloud dar, um eine sehr hohe Verfügbarkeit durch Unterstützung vieler verschiedener Endgeräte zu erreichen. [11] Selbstverständlich müssen dem betreffenden Gerät an Standort B bei Abruf der

Daten die entsprechenden Verschlüsselungsmechanismen bekannt sein, um die Daten abrufen zu können.

Eine erste allgemeine Chance de Cloud Computings stellt also die breite Verfügbarkeit dar, die sich auf einen weltweiten Upload und Abruf von Daten in ein verteiltes System erstrecken kann. Besonders für Unternehmen, die bestimmte Produktionsstandorte zusätzlich zur IT ins Ausland outsourcen (auslagern) wollen, oder weltweit agierende Unternehmen wie Hotelketten und Airlines profitieren von der breiten Verfügbarkeit der Cloud-Dienste dadurch, dass zentrale Reservierungssysteme einfach und übersichtlich nutzbar werden. Diese Zentralisierung von Daten und Datenverarbeitungsprozessen kann daher auch zu einer abnehmenden Komplexität der Datenverarbeitungsprozesse innerhalb eines Unternehmens führen, da mit Auslagerung von IT-Ressourcen diese nicht länger von eigenen Mitarbeitern betreut werden müssen, sondern dem CSP auferlegt werden. Die demzufolge frei gewordenen Stellen müssen nicht zwangsläufig in einer Ausstellung der betroffenen Mitarbeiter enden, sondern sie ermöglichen vielmehr das Betrauen derselben mit anderen, möglicherweise höheren und wichtigeren Aufgaben im Unternehmen. Dies gilt auch, wenn ein großes Unternehmen eine private Cloud betreibt, sowie jeder andere technische Vorteil. Eine private Cloud weist im Gegensatz zu einer öffentlichen Cloud aber gewisse Risiken nicht auf, wie sich zeigen wird.

Weitere Chancen der technischen Hintergründe eines Cloud-Service liegen in der unverzüglichen Anpassbarkeit je nach Bedarf durch Scale Up und Scale Out als Einflüsse auf die Elastizität, einer Selbstbedienung nach Bedarf für einzelne Unternehmensstandorte bei allen Arten von Clouds, die Dienstleistungen effizienter gestalten kann sowie das Arbeiten mit virtuellen Ressourcen, die aus physischen Ressourcen abgebildet werden und somit weltweit verfügbar sind. Dies kann je nach Bedarf die Abhängigkeit von physischen Ressourcen an Unternehmensstandorten ersetzen. All diese Aspekte bedeuten Chancen für Unternehmen, die durch einfaches Cluster- oder Grid-Computing nicht erreicht werden können. [12]

Der Pfeil vom Rechner am Standort A zur Cloud hin im Modell verdeutlicht nicht nur den Datenupload und die Verschlüsselung, sondern er stellt auch einen Weg dar, den die Daten gehen müssen, um in der Cloud abgelegt werden zu können. Dieser Weg impliziert die Gefahr von Spionage der transportierten Daten, sofern einem Dritten die entsprechenden Möglichkeiten zur Verfügung stehen. Dies stellt eine potentielle Gefährdung von Datenschutz dar, was sich in einem touristischen Betrieb erheblich auswirken kann, da insbesondere Unternehmen wie Reisebüros ihren Kunden bei Gebrauch eines Reservierungssystems auf Cloud-Basis eine Sicherheit ihrer Daten garantieren können sollten. Es werden Angaben zur Person des Kunden sowie Einzelheiten der gebuchten Reise zentral abgespeichert. Darin sind auch zeitliche Daten von Flügen enthalten. Bei Spionage dieser Daten mit terroristischen Motiven oder Unternehmensspionage kann dies erhebliche Auswirkungen für CSPs, die für ihren Cloud-Dienst rechtliche Garantien leisten müssen, Unternehmen und auch Endverbraucher haben.

5.1.2 Organisatorische Aspekte

Diese betreffen in erster Linie die Aspekte der Entwicklung von Strategien bei Auslagerung von IT-Ressourcen in die Cloud sowie die Auswahl eines geeigneten Anbieters. Die Chancen liegen hier vor allem in einer optimalen Anpassung der individuellen vertraglichen Bedingungen, die zwischen Unternehmen und CSP ausgehandelt werden. Diese vertraglichen Bedingungen sind abhängig von den Zielen des Unternehmens, den Service-Level-Targets (SLTs), die sich aus speziellen Anforderungen an den Anbieter, den Service-Level-Requirements (SLRs) ergeben. Die Pflichten, die der CSP bei Vertragsschluss übernimmt, nennt man Service-Level-Agreements (SLAs). [13]

Da sich insbesondere Tourismusorganisationen als Dienstleister vor Verlagerung von Daten in die Cloud Gedanken über den Datenschutz für ihre Nachfrager machen müssen, ist es zur Vereinbarung der SLAs von Vorteil, einen Fachanwalt für IT-Outsourcing hinzuzuziehen. [14] Die größten Chancen für eine effiziente und effektive Arbeitsweise ergibt sich dann, wenn die vereinbarten SLAs genau den SLTs des Unternehmens entsprechen. Dazu muss vorher festgelegt werden, welche IT-Ressourcen in die Cloud verlagert werden sollen, welche Art von Cloud-Service (IaaS, PaaS, SaaS oder eine kombinierte Form) gewählt werden und welches Kostenmodell (Pay-per-Use oder andere) genutzt werden soll. Ein touristisches Unternehmen sollte keine Kernkompetenzen auslagern, da so der persönliche Kontakt zum Kunden verloren gehen kann. Wenn die Zielfindung von der Unternehmensseite her nicht genau genug erfolgt, werden eventuell wesentliche Aspekte, die Bestandteile des Vertrages mit dem CSP sein sollen, übersehen und die Ziele des Unternehmens im Nachhinein nicht ausreichend erfüllt. Um die Chancen eines Cloud Service optimal nutzen zu können, sollten auch Erkundigungen speziell über das Anbieterunternehmen herangezogen werden. Die Reputation des Anbieters, also Aussagen anderer Kunden über deren Zufriedenheit mit diesem, dient als Informationsquelle, sowie eine genaue Analyse des Angebots und Klärung der rechtlichen Rahmenbedingungen. Die Datenschutzrichtlinien sind zwar auch für Cloud Computing im Bundesdatenschutzgesetz (BDSG) geregelt, aber auch hier können sich noch Risiken ergeben, sofern sie nicht im Vorfeld abgeklärt wurden. [15] Diese Risiken entstehen durch ein Abhängigkeitsverhältnis zwischen Cloud-Nutzer und dem CSP, das zwangläufig vorhanden sein muss, um überhaupt eine Cloud nutzen zu können. Aus dieser Abhängigkeit ergibt sich das Risiko eines Lock-In-Effektes (insbesondere bei SaaS), also einer Nicht-Verfügbarkeit bestimmter Unternehmensdaten in der Cloud nach Beendigung des Vertrages. Dies kann zum einen daraus resultieren, dass Eigentumsverhältnisse der durch die Anbietersoftware erstellten Daten in der Cloud im Vorfeld nicht geklärt wurden, also das Unternehmen nicht automatisch alleiniger und vollwertiger Eigentümer der Daten ist und bleibt, als auch, dass die Daten bei Vertragsende dem Unternehmen nicht in einem verwendbaren Format übermittelt werden. Die gesetzliche Regelung ist an dieser Stelle zwar klar, da laut § 11 BDSG vorgeschrieben ist, *„dass ein Cloud-Nutzer die Datenherrschaft über die von ihm eingebrachten personenbezogenen Daten behalten muss"*, jedoch muss in jedem Vertrag vor Erstverwendung des Cloud-Dienstes mit dem Anbieter eine Regelung getroffen werden, regelmäßig oder auf Anfrage eine vollständige Kopie der Daten für den Kunden in verwendbarer Form zur Verfügung zu stellen. [16]

Ein weiteres organisatorisches Risiko ergibt sich durch die geografische Verteilung des Cloud-Systems, sofern IT-Ressourcen des Anwenders in die Cloud eines CSPs verlagert werden, welcher sich in einem anderen Land befindet, in dem sich Kultur und Arbeitsmoral wesentlich vom Land des Anwenders unterscheiden. Sofern die optimale Ausnutzung von Cloud-Diensten eine enge Zusammenarbeit mit dem CSP erfordert, kann es hier bzgl. Umsetzung von IT-Projekten zu Komplikationen kommen. [17]

Die oben genannten Risiken bestehen freilich nicht, wenn ein Unternehmen eine private Cloud erstellt. Die vertraglichen Konditionen auf Basis der SLTs eines

Unternehmens stellen zugleich eine Chance dar, sofern die SLTs im Vorfeld hinreichend festgelegt wurden, als auch ein Risiko, falls wesentliche Vertragsinhalte übersehen werden.

5.1.3 Wirtschaftliche Aspekte

Bei Datenmigration in einen Cloud-Service entstehen auch Vorteile, die Kosten- und - bei Dienstleistern - Marketingstrukturen betreffen. Sofern das Unternehmen eine öffentliche Cloud eines CSPs nutzt, wie es bei kleinen und mittleren Unternehmen (KMU) der Fall ist. So kann kostengünstig und passgenau über ein Pay-per-Use-Kostenmodell abgerechnet werden, was gegenüber stetigen Kosten bei einem ausschließlichen Betreiben eines eigenen Rechenzentrums (RZ) von Vorteil ist. Bei einer privaten Cloud entstehen finanzielle Vorteile dadurch, dass die Kosten hauptsächlich von Hardware und Strom verursacht werden, wobei sich das nötige Personal in Grenzen hält, zumal dieses hauptsächlich Wartungsaufgaben bei möglichen Fehlfunktionen übernehmen muss. [18] Dadurch sinkt die Zahl der insgesamt benötigten Mitarbeiter in einem Unternehmen, auch bei einer Weiterbeschäftigung von ehemaligen RZ-Mitarbeitern, da diese andere Aufgaben übernehmen können. Da Cloud-Dienste schnell, einfach und individuell verfügbar sind, kann damit individuell angepasst gearbeitet werden. Dies beschleunigt Unternehmensprozesse und fördert die Zusammenarbeit mit dem Endverbraucher, wenn Clouds im Dienstleistungsbereich genutzt werden. Dadurch wird sich Reputation des Unternehmens steigern und auch die Kundenzufriedenheit, es wird durch die Nutzung des Cloud-Service also zusätzlich indirektes Marketing betrieben.

Wenn IT-Ressourcen über lange Zeit ausgelagert werden, kann ein Knowhow der Mitarbeiter über diese Ressourcen verloren gehen, da man sich selbst nicht mehr darum kümmern muss. Bei einem erneuten Insourcing ins Unternehmen können Unkosten entstehen, um die Wissenslücken schließen zu können. [19]

5.2 Anbieter für die Tourismuswirtschaft: AMADEUS

5.2.1 Überblick über Softwarepakete

AMADEUS bietet IT-Lösungen für jegliche Art von Personenverkehrsunternehmen an sowie für unterschiedliche Reisemittler (Reisebüros), Hotellerie, Kreuzfahrtanbieter, Reiseveranstalter und Versicherungen. [20] Wie aus der Homepage von AMADEUS ersichtlich wird, sind die Lösungsangebote sehr vielseitig, wobei keine Kernkompetenzen ausgelagert werden müssen. So werden beispielsweise für Fluggesellschaften Distribution, Sales & e-Commerce, Business Management und Services & Consulting angeboten, und das in individuellen Variationen. [21] Allgemein bekannt dürfte das „Ticketing" sein, also die Flugbuchung in Reisebüros über ein AMADEUS-Reservierungssystem.

Für Hotellerie bietet AMADEUS unter anderem die Amadeus Hotel Distribution an, die einen effizienten Verkauf von Zimmern an Verbraucher ermöglichen soll. Ein sehr viel umfangreicherer Service ist die Amadeus Hotel Platform, ein Softwarepaket, das sowohl Reservierung, Property Management, Revenue Management als auch Content Management bietet, alles zu globalem Vertrieb. [22] Diese Softwarepakete zeigen, dass AMADEUS alle Arten von Cloud-Services bereitstellt, besonders in kombinierter Form, und sich so stabile Marktanteile sichert.

5.2.2 Wichtige Funktionen und Daten

AMADEUS ist ein weltweit agierendes Unternehmen, das Kunden in jeder Größenordnung betreut. Das Unternehmen konzentriert sich auf zwei Geschäftsbereiche: Distributionslösungen (Produktvertrieb) für Leistungsträger und den stationären Reisevertrieb und IT-Lösungen (Cloud-Lösungen) für Leistungsträger. Dabei bemüht sich AMADEUS um vernetzende Angebote für die gesamte Tourismusbranche (Reise, Unterbringung und Reisevermittlung), um für eine breite Angebotsstruktur zu sorgen. Die Unternehmensstandorte gliedern sich dabei in drei Hauptstandorte, vier regionale Zentren, 16 Forschungs- und Entwicklungszentren und 73 lokale Amadeus Commercial Organisations. Dabei investiert AMADEUS besonders in Forschung und Entwicklung, wobei 2011 beispielsweise 1,379 Mrd. Euro ausgegeben worden sein sollen. Das Unternehmen zielt laut eigenen Angaben hauptsächlich auf Wachstum und Leistungsfähigkeit seiner Kunden ab, was mit insgesamt 3.000 Servern, 5

Petabyte Speicherplatz in der Cloud und mehr als 3.000 IT-Änderungen sowie individuellen IT-Lösungen erreicht werden soll. [23]

6 Diskussion

6.1 Kritische Gegenüberstellung von Chancen und Risiken

Abgeleitet aus dem Gliederungspunkt Ergebnisse sind in folgender Tabelle Chancen und Risiken für Cloud Computing gegenübergestellt:

	Chancen	Risiken
Technisch	Hohe Verfügbarkeit von Cloud-Inhalten durch Verwendung allgemeingültiger Übertragungsprotokolle	Mögliche Spionage transportierter Daten bei Cloud-Zugriff
	Reduzierung der Komplexität der Unternehmens-IT	Gefährdung von Datenschutz für Unternehmen und Kunden
	Entfallen von Betreuungsaufgaben für Mitarbeiter → Möglichkeit der Zuwendung zu anderen Aufgabenfeldern	
	Elastizität durch Skalierung	
	Selbstbedienung nach Bedarf	
	Nutzung virtueller Ressourcen	
Organisatorisch	Optimale Anpassung an SLTs durch SLAs, die vertraglich festgelegt werden → Individuelle Cloud-Lösungen	Ungenaue Zielfindung → schlechte Vertragskonditionen; Nachteile durch mangelhafte Umsetzung
	Minimierung der durch Anbieter erzeugten Risiken durch private Clouds	Datenunverfügbarkeit durch Lock-In-Effekte
		Kulturelle Unterschiede zwischen Anbieter und Anwender
Wirtschaftlich	Kostenanpassung bei Pay-per-Use-Angeboten	Unkosten bei erneutem Insourcing durch Knowhow-Verlust
	Personaleinsparung, da Betreuung des Cloud-Services durch CSP erfolgt	
	Beschleunigung von Unternehmensprozessen → Förderung der Kundenorientierung → Positives Feedback	

[Abb. 4]

Die oben zusammengefassten Aspekte stellen zumindest die wichtigsten Chancen und Risiken bei Cloud-Systemen dar, umfassen aber bei Weitem nicht alle. Betrachtet man obige Tabelle im Einzelnen, so ergibt sich besonders im technischen Bereich eine hohe Palette an Vorteilen gegenüber den Nachteilen. Dies ist auch durchaus logisch, da sich Zentralisierung und vielfältige Abrufmöglichkeiten bei Cloud-Services positiv auf die unternehmenstypischen

Abläufe auswirken werden, sofern im Vorfeld die richtige Auswahl für die Auslagerung von IT-Ressourcen gewählt wird. Da Clouds üblicherweise individuell gut anpassbar sind, hängt ihr eigentlicher Nutzen für die Anwender zunächst ausschließlich von deren Zielen ab. Je besser also die Ziele zur Auslagerung formuliert wurden, desto besser wird der Vertrag mit dem CSP darauf angepasst und desto optimierter ist schließlich das Ergebnis. Dies setzt natürlich voraus, dass Anbieter dieser Lösungen ihre Softwarepakete flexibel gestalten, um den individuellen Anforderungen gerecht werden zu können.

Ob auf organisatorischer Ebene also Chancen oder Risiken überwiegen oder sich die Waage halten, hängt von der Cloud-Strategie des Unternehmens ab, nicht vom Anbieter. Denn jedes Unternehmen ist selbst dafür verantwortlich, den Anbieter gemäß seiner eigenen SLTs auszuwählen.

Auch die wirtschaftlichen Chancen hängen von der Strategie des Unternehmens und dessen Zielsetzung ab, da eine Kostenoptimierung auch eine Prozessoptimierung erfordert, die nur bei optimaler Nutzung eines Cloud-Dienstes gegeben ist. Auch ein eigentlich finanziell vorteilhaftes Pay-per-Use-Modell kann also unrentabel werden, wenn beispielsweise die Nutzung durch das Unternehmensziel so hoch ist, dass ein Abrechnungsmodell im Abonnement vergleichsweise kostengünstiger wäre. Als eine der größten Chancen für die Tourismuswirtschaft ist aber die Prozessoptimierung zu sehen, da hier vor allem der Kontakt zum Kunden und dessen Zufriedenheit mit dem ihm erbrachten Service im Mittelpunkt stehen. Diese Faktoren sind ausschlaggebend für die Reputation des Unternehmens, was wiederum die Nachfrage mitbestimmt und somit auch die Unternehmensumsätze.

Da im Tourismus die Kundenorientierung also im Mittelpunkt steht, ist das größte Risiko für diese Branche aber der Datenschutz, sofern in der Cloud auch persönliche Informationen zu Kunden abgelegt werden, was bei Reservierungssystemen durchaus zutrifft. Unternehmensspionage und anderweitige Angriffe können hier fatale Folgen haben und müssen unbedingt bei Vertragsschluss mitbedacht werden.

6.2 Diskussion der zentralen Fragestellung in Bezug auf AMADEUS

Wie aus 2.2 hervorgeht, lautet die zentrale Frage dieser Arbeit: „Wie ist gemäß der Chancen und Risiken des Cloud Computings die Nutzung dieses Dienstes in Bezug auf die Tourismuswirtschaft zu beurteilen."

Wie aus der Studie „Travel Gold Rush 2020" hervorgeht, soll sich die Ausgabenintensität von 2010 bis 2020 weltweit verdoppeln. Einreiseintensität und Ausreiseintensität sollen besonders im asiatischen Raum beträchtlich steigen. [24] Wenn man diese Angaben als korrekt ansieht, kann daraus abgeleitet werden, dass sich die weltweite Reiseintensität generell stark vermehren wird. Es ist also mit einer erhöhten Nachfrage bei Reisemittlern, Verkehrsbetrieben und im Beherbergungswesen zu rechnen, was einen höheren Bedarf an Nutzung von Cloud-Lösungen bedeutet. Dies erhöht die Nachfrage von Unternehmen der Tourismusbranche nach diesen Lösungen, wobei sich auch hier wiederum hauptsächlich die konkurrenzstärksten Anbieter durchsetzen werden. Ein CSP, der sicherlich von einer solchen Entwicklung profitieren wird, ist AMADEUS, da dieses Unternehmen sich seinen Stand am Markt bereits gefestigt und ausgebaut hat, wie aus dem breiten Spektrum an IT-Lösungen und betreuten Unternehmen ersichtlich wird. Da AMADEUS auch in Forschung und Entwicklung investiert, werden bei höherer Nachfrage sicherlich auch mehr Gelder in diesen Bereich fließen, was positiv zur Fortentwicklung des Cloud Computings beitragen kann.

Es existieren besonders unter Reisemittlern KMUs, für die sich der Aufbau einer eigenen Cloud-Struktur nicht lohnt und die daher ihre IT-Ressourcen in öffentliche Clouds verlagern werden. Besonders SaaS steht hier wohl im Mittelpunkt.

Wägt man nun die Chancen und Risiken gegeneinander ab und betrachtet die Lösungen, die von AMADEUS zur Verfügung gestellt und entwickelt werden, so bleibt bezüglich der zentralen Frage zu sagen, dass ein Outsourcing von IT-Ressourcen in eine Cloud sich im Tourismusbereich besonders lohnt, sofern optimaler Datenschutz gegeben ist und vorher gemäß der eigenen Unternehmensstruktur entsprechende Ziele festgelegt wurden. Da heutzutage besonders Pauschalreisen gehandelt werden, in denen Angebote verschiedener touristischer Unternehmen verbunden sind, die mit weltweiten Filialen in verschiedensten Formen kooperieren, macht eine zentrale Ressourcennutzung durch Cloud Computing durchaus Sinn und bietet für Unternehmen vor allem organisatorische, finanzielle und technische Vorteile. Beispielsweise profitieren Airlines von einfacher Informationsbeschaffung durch cloud-gestützte Reservierungssysteme, da ihnen Buchungsdaten von Reisebüros leicht zugänglich sind. Die Globalisierung und Dynamik der Reisebranche wird durch Unternehmen wie AMADEUS zukunftsträchtig gemacht und für Unternehmen wie Endverbraucher angenehm und übersichtlich.

7 Zusammenfassung

Abschließend bleibt zu sagen, dass die Branche mit der Entwicklung von Cloud Computing und damit verbundener Serviceleistungen noch lange nicht am Ende steht. Insbesondere der Bereich Datenschutz kann bezüglich seiner Umsetzung noch optimiert werden. Sofern aber ein Unternehmen die richtige Cloud-Strategie verfolgt und sich Anbieter dieser Lösungen durch hohe Kooperationsbereitschaft und aktuellstem technischen Stand als attraktiv erweisen, bieten diese Lösungen vielfältige Chancen für jede Art von Unternehmen, besonders für solche der Tourismusbranche. Die Cloud-Services wirken sich positiv auf Unternehmenskomplexität und Organisation aus sowie die Aufgabenverteilung für die Mitarbeiter und die Zufriedenheit des Endverbrauchers. Sofern Cloud-Services wie AMADEUS zukünftig weiter gefördert, also vermehrt von Unternehmen nachgefragt werden, ist auch der Weg in umfassendere Forschungen und Entwicklungen geebnet, wodurch Cloud-Services weiter optimiert werden und so positiv zu internationaler Zusammenarbeit und Wettbewerb beitragen können.

8 Literaturverzeichnis

- [1] Vossen G., Haselmann T., Hoeren T.: Cloud Computing für Unternehmen. Heidelberg: dpunkt.verlag, 2012; S. 13 ff.

- [2] Vossen G., Haselmann T., Hoeren T.: Cloud Computing für Unternehmen. Heidelberg: dpunkt.verlag, 2012; S. ix

- [3] Vossen G., Haselmann T., Hoeren T.: Cloud Computing für Unternehmen. Heidelberg: dpunkt.verlag, 2012; S. 22 ff.

- [4] Vossen G., Haselmann T., Hoeren T.: Cloud Computing für Unternehmen. Heidelberg: dpunkt.verlag, 2012; S. 97

- [5] www.microsoft.com/de-de/cloud/glossar/infrastructure_as_a_service.aspx; 11.01.2014

- [6] www.microsoft.com/de-de/cloud/glossar/platform_as_a_service.aspx; 11.01.2014

- [7] www.microsoft.com/de-de/cloud/glossar/software_as_a_service.aspx; 11.01.2014

- [8] Vossen G., Haselmann T., Hoeren T.: Cloud Computing für Unternehmen. Heidelberg: dpunkt.verlag, 2012; S. 30 f.

- [9] Vossen G., Haselmann T., Hoeren T.: Cloud Computing für Unternehmen. Heidelberg: dpunkt.verlag, 2012; S. 23

- [10] Vossen G., Haselmann T., Hoeren T.: Cloud Computing für Unternehmen. Heidelberg: dpunkt.verlag, 2012; S. 14

- [11] Vossen G., Haselmann T., Hoeren T.: Cloud Computing für Unternehmen. Heidelberg: dpunkt.verlag, 2012; S. 24

- [12] Vossen G., Haselmann T., Hoeren T.: Cloud Computing für Unternehmen. Heidelberg: dpunkt.verlag, 2012; S. 25

- [13] Vossen G., Haselmann T., Hoeren T.: Cloud Computing für Unternehmen. Heidelberg: dpunkt.verlag, 2012; S. 112

- [14] Vossen G., Haselmann T., Hoeren T.: Cloud Computing für Unternehmen. Heidelberg: dpunkt.verlag, 2012; S. 113

- [15] Vossen G., Haselmann T., Hoeren T.: Cloud Computing für Unternehmen. Heidelberg: dpunkt.verlag, 2012; S. 143 f.

- [16] Vossen G., Haselmann T., Hoeren T.: Cloud Computing für Unternehmen. Heidelberg: dpunkt.verlag, 2012; S. 105
- [17] Vossen G., Haselmann T., Hoeren T.: Cloud Computing für Unternehmen. Heidelberg: dpunkt.verlag, 2012; S. 123
- [18] Vossen G., Haselmann T., Hoeren T.: Cloud Computing für Unternehmen. Heidelberg: dpunkt.verlag, 2012; S. 93
- [19] Vossen G., Haselmann T., Hoeren T.: Cloud Computing für Unternehmen. Heidelberg: dpunkt.verlag, 2012; S. 123
- [20] www.amadeus.com/de/de.html; 13.01.2014
- [21] www.amadeus.com/de/x24514.xml; 13.01.2014
- [22] www.amadeus.com/de/x155253.xml; 13.01.2014
- [23] www.amadeus.com/de/documents/aco/de/de/Amadeus%20 Unternehmensprofil%202012.pdf; 13.01.2014
- [24] www.amadeus.com/de/documents/aco/de/de/The%20Travel%20Gold%20Rush%202020%20-%20Global%20Travel%20Spend.pdf; 13.01.2013

9 Abbildungsverzeichnis